BEI GRIN MACHT SICH IHR WISSEN BEZAHLT

Sandra Bosnic

Investition und Finanzierung. Formelsammlung

GRIN Verlag

Bibliografische Information der Deutschen Nationalbibliothek:

Die Deutsche Bibliothek verzeichnet diese Publikation in der Deutschen National-
bibliografie; detaillierte bibliografische Daten sind im Internet über http://dnb.d-
nb.de/ abrufbar.

Impressum:

Copyright © 2014 GRIN Verlag GmbH
Druck und Bindung: Books on Demand GmbH, Norderstedt Germany
ISBN: 978-3-656-71338-8

Dieses Buch bei GRIN:

http://www.grin.com/de/e-book/278029/investition-und-finanzierung-formelsamm-
lung

GRIN - Your knowledge has value

Der GRIN Verlag publiziert seit 1998 wissenschaftliche Arbeiten von Studenten, Hochschullehrern und anderen Akademikern als eBook und gedrucktes Buch. Die Verlagswebsite www.grin.com ist die ideale Plattform zur Veröffentlichung von Hausarbeiten, Abschlussarbeiten, wissenschaftlichen Aufsätzen, Dissertationen und Fachbüchern.

Besuchen Sie uns im Internet:

http://www.grin.com/

http://www.facebook.com/grincom

http://www.twitter.com/grin_com

INHALT

Wirtschaftlichkeit 3

Produktivität 3

Marktanteil 3

Abzinsungsfaktor ABF 3

Barwert (BW) 3

Kapitalwert (KW) 3

Aufzinsung (AUFZF) 3

Endwert (EW) 3

CIR (Cost-Income-Rate) 3

Mischzinsfuß 4

Amortisationszeit (einfach) 4

Gliederungskennzahl (relativ) 4

Personalaufwand *4*

Beziehungszahlen 4

Nettoinvestitionsquote *4*

Indexzahlen 4

$\emptyset$ *Preisveränderungsrate* *4*

ROI 4

Kapitalumschlagshäufkeit *4*

Kreditorenlaufzeit 4

Schuldenumschlagshäufigkeit *4*

Lagerdauer 5

Lagerumschlagshäufigkeit *5*

Debitorenlaufzeit 5

Forderungsumschlagshäufigkeit *5*

Verschuldungsgrad 5

VGdynamisch *5*

VGstatisch *5*

Liquidität 5

LKurz *5*

L1. Grad *5*

L2. Grad *5*

L3. Grad *5*

Leverage – Effekt 5

EKRent *5*

Profit: *5*

Kostenvergleichsrechnung 6

Kalk. Abschreibungen 6

Kalk. Zins..6

Kostenvergleichsrechnung mit Liquidationserlös 6

Gebundenes Kapital..6

Kalk. Zins mit LE...6

Kritischer Wert/Menge 6

Gewinnvergleichsrechnung 7

Kritische Menge..7

Break-Even-Analyse..7

Break-Even-Umsatz..7

Break-Even-Umsatz in Einheiten...7

Beschäftigungsgrad in BEP...7

Sicherheitsquotient..7

Deckungsspannenquote 7

Rentabilitätsrechnung..7

Gebundenes Kapital..7

Bruttorentabilität 8

Nettorentabilität..8

Umsatzrentabilität...8

Rationalisierungsinvestition 8

Statische Amortisationsrechnung(Ø)..8

Statische Amortisationsrechnung (Kumulation) 8

Lineare Interpolation...8

Dynamische Amortisationszeit 9

Kapitalwertmethode...9

Interne Zinsfußmethode 9

Annuitätenmethode 9

Vor-und nachschüssige Rentenbar- und Rentenendwerte 10

Rentenendwert...10

Ewige Rente 10

Wirtschaftlichkeit

$$\frac{Erl\ddot{o}se}{Kosten}$$

Produktivität

$$\frac{Output}{Input}$$

Marktanteil

$$\frac{eigenes\ Absatzvolumen}{gesamtes\ Absatzvolumen} * 100$$

$$\frac{eigener\ Umsatz}{Gesamtumsatz} * 100$$

$$\frac{eigener\ Absatz}{Absatz/Umsatzst\ddot{a}rkster\ Konkurrent} * 100$$

Abzinsungsfaktor ABF

$$\frac{1}{q^t} = \frac{1}{(1+i)^t} = \frac{1}{(1+\frac{P}{100})^t} = (\frac{1+P}{100})^{-t} = ABF$$

P = Zinssatz

$i = \frac{P}{100}$ $q = 1 + \frac{P}{100}$

Barwert (BW)

$$BW = \sum_{t=1}^{n} (ZW_{Einzahlungen} * (1+i)^{-t}) - (ZW_{Auszahlungen} * (1+i)^{-t})$$

ZW = Zeitwert zum Zeitpunkt t 1 bis n
$ZW_{ein/aus} = ZW\ der\ Ein - bzw.\ Auszahlungen$

Kapitalwert (KW)

$$\sum BW$$

Aufzinsung (AUFZF)

$$q^t = (1+i)^t = (1 + \frac{P}{100})^t$$

Endwert (EW)

$$BW * (1 + \frac{P}{100})^t$$

CIR (Cost-Income-Rate)

$$CIR = \frac{Kosten}{Umsatz} * 100$$

Mischzinsfuß

$$P = \left(\frac{(i_s * FK) + (i_0 * EK)}{FK + EK} + i_{extra} \right) * 100$$

P= EK/FK-Kalkulationszinsfuß
i_s = Sollzinsfuß
i_0 = Opportunitätskosten für das EK i_{extra} = Inflation

Amortisationszeit (einfach)

$$AZ_{statisch} = \frac{Anschaffungskosten}{\emptyset\, Gewinn} (Durchschnitt)$$

➔ Gewinn = Erlös - Kosten

Gliederungskennzahl (relativ)

$$\frac{Personalaufwand}{Gesamtaufwand} = Personalaufwandsquote$$

Beziehungszahlen

$$\frac{Nettoinvestition}{Gesamtleistung} = Nettoinvestitionsquote$$

Indexzahlen

$$\frac{\emptyset - Marktpreis\ 2012}{\emptyset - Marktpreis\ 2011} * 100 = \emptyset\ \textbf{Preisveränderungsrate}$$

ROI

$$\frac{Gewinn + FK_{Zins}}{Umsatz\ (U_{Rent})} * \boxed{\frac{Umsatz}{GK}}$$

➔ $Kapitalumschlagshäufkeit = \frac{Umsatz}{\emptyset\, Gesamtkapital}$

Kreditorenlaufzeit

$$\frac{360\ Tage}{Schuldenumschlagshäufigkeit} = \boxed{\frac{Verbindlichkeiten * 360}{Materialaufwand}}$$

➔ $Schuldenumschlagshäufigkeit = \frac{Materialaufwand}{Verbindlichkeiten}$

Lagerdauer

$$\frac{360 \ Tage}{Lagerumschlagschäufigkeit} = \boxed{\frac{Vorräte * 360}{Materialaufwand}}$$

➔ $Lagerumschlagshäufigkeit = \frac{Materialaufwand}{Vorräte}$

Debitorenlaufzeit

$$\frac{360 \ Tage}{Forderungsumschlaghäufigkeit} = \boxed{\frac{Forderungen * 360}{Umsatz}}$$

➔ $Forderungsumschlagshäufigkeit = \frac{Umsatz}{Forderungen}$

Verschuldungsgrad

$$VG_{dynamisch} = \frac{FK \ [€]}{CF \ [€|p.a.]}$$
$$VG_{statisch} = \frac{FK[€]}{EK \ [€]} \ (Verhältniswert)$$

Liquidität

$$L_{Kurz} = \frac{Flüssige \ Mittel + sonst./kurzfristiges \ UV}{FK_{Kurz}}$$

$$L_{1.Grad} = \frac{Flüssige \ Mittel}{Verbindlichkeiten \ aus \ L.u.L.}$$

$$L_{2.Grad} = \frac{Flüssige \ Mittel + Forderungen \ aus \ L.u.L.}{Verbindlichkeiten \ aus \ L.u.L.}$$

$$L_{3.Grad}(WORKING \ CAPITAL) = \frac{Flüssige \ Mittel + Forderungen \ aus \ L.u.L. + Vorräte}{Verbindlichkeiten \ aus \ L.u.L.}$$

Leverage – Effekt

$$EK_{Rent} = \frac{Gewinn/Verlust}{EK} * 100$$

Profit:
$$P_1 = (EK_{Rent} \ [\%] * EK) + (FKZ \ [\%] * FK)$$
$$P_2 = GK_{Rent} * (EK + FK)$$

➔ $GK_R = \frac{Gewinn + FKZ \ (nach \ Fin)}{GK}$

➔ $GK_R = \frac{Gewinn \ (vor \ Fin)}{GK}$

➔ $EK_{Rent} = GK_R + (GK_R - FKZ) * \frac{FK \ €}{EK €}$

Kostenvergleichsrechnung

$$K = K_l + \frac{I_0}{ND} + \frac{I_o}{2} * i$$

➜ $Kapitalkosten = \frac{I_0}{ND} + \frac{I_o}{2}$

$K_l = Betriebskosten$

Variabel	Fix
Löhne	Gehalt
Strom	Raum
Instandhaltung	Versicherung
Betriebsstunden	TÜV

Kalk. Abschreibungen

$$\frac{Investition\ t_{01}}{ND}$$

Kalk. Zins

$$\frac{Investition\ t_{01}}{2} * i$$

➜ $i = \frac{Prozent}{100}$

Kostenfunktionen:

K(x) = fix + var*X

Kostenvergleichsrechnung mit Liquidationserlös

$$K = K_l + \frac{I_0 - LE}{ND} + ((\frac{I_o - LE}{2} + LE) * i)$$

➜ Gebundenes Kapital

$$(\frac{I_0 - LE}{2} + LE)$$

➜ Kalk. Zins mit LE   → Kalk. Abschreibung mit LE

$$\left(\frac{I_0 - LE}{2} + LE\right) * i$$ $$\frac{I_0 - LE}{ND}$$

Kritischer Wert/Menge

$$x = \frac{K_{FB} - K_{FA}}{k_{VA} - k_{VB}}$$

$K_{VB} = Stückkosten$
$\overline{VA}$
$K_{FA} = Fixkosten$
$\overline{FB}$

6

Gewinnvergleichsrechnung

$$G(x) = (p * x) - K_l - \frac{I_0 - LE}{ND} - \left(\frac{I_0 + LE}{2}\right) * i$$

➔ $G_{Gesamt} = \emptyset\ Gewinn * ND$

Kritische Menge

Gewinnfunktionen
G(x)= (p*x) – Kf – kv*x

$$x_{kritisch} = \frac{K_{fA} - K_{fB}}{P_A - P_B - k_{vA} + k_{vB}}$$

Break-Even-Analyse

Break-Even-Umsatz n

$$\frac{K_f}{1 - \frac{K_V}{Umsatz}}$$

Break-Even-Umsatz in Einheiten n

$$\frac{BE_{Umsatz}}{P}$$

P = Verkaufspreis je Einheit

Beschäftigungsgrad in BEP n

$$\frac{BE_{Umsatz}}{Gesamtumsatz\ (Planumsatz)} * 100$$

Sicherheitsquotient h

$$\frac{Umsatz - BE_{Umsatz}}{Umsatz\ (Plan)} * 100$$

Deckungsspannenquote (DB-Quote) h

$$\frac{DB\ je\ Einheit}{Umsatz\ je\ Einheit} * 100$$

➔ Stückpreis

Statische Rentabilitätsrechnung Rate of Return (ROR) comparison method

$$Rstat = \frac{\emptyset\ Gewinn\ pa\ oder\ Ersparnis}{\emptyset\ Gebundenes\ Kapital} * 100$$

$$Durchschnittlich\ Gebundenes\ Kapital = \frac{I_0 + LE}{2}$$

Bruttorentabilität (G vor kalk. Zins)

$$\frac{Gewinn + Zins}{\frac{I_0 + LE}{2}} * 100$$

Nettorentabilität

$$\frac{Gewinn(nach\ Zins)}{\frac{I_0 + LE}{2}} * 100$$

Umsatzrentabilität

$$\frac{Gewinn\ (+FKZ + Steuern)}{Umsatz}$$

Rationalisierungsinvestition

$$\frac{\emptyset\ Kostenersparnis\ pa}{\frac{I_0 + LE}{2}} * 100$$

Differenzinvestition

	A	Delta	B
Jo			
ND			

Statische Amortisationsrechnung($\emptyset$) (Kapitalrückflussrechnung) (Pay-back-comparison m.)

$$AZ_{statisch} = \frac{I_0 - LE}{\emptyset\ Gewinn(Nettogewinn) + \emptyset\ Abschreibungen}$$

Vgl. Rationalisierungsinvestition wg. Kostenersparnis

Statische Amortisationsrechnung (Kumulation)

Jo		
ND		
Rückflüsse	R	Rkum

➡ Lineare Interpolation   Umrechnung in Monat = 0,x * 12 / 1

$$\hat{x} = x_1 - (f_{(x1)} * \frac{1}{f_{(x2)} - f_{(x1)}})$$

x_1 = Periode mit dem letzten kumulierten Negativwert bzgl. I_0 (Jahr)
$f_{(x1)}$ = letzter absoluter Negativwert vor der Amortisation (Delta €)
$f_{(x2)}$ = erster absoluter Positivwert nach der Amortisation (Delta €)

8

Dynamische Amortisationszeit

Barwert = Zukunftswert * AbF

$$Abf = \boxed{\dfrac{1}{(1+\frac{P}{100})^n}}$$ n= Periode der Abzinsung

t 0   Rückflüsse   ABF %   BW   BW kum

(Interpolation)

$$\hat{x} = x_1 - (f_{(x1)} * \frac{1}{f_{(x2)} - f_{(x1)}})$$

x_1 = Periode mit dem letzten kumulierten Negativwert bzgl. I_0 (Jahr)
$f_{(x1)}$ = letzter absoluter Negativwert vor der Amortisation (Delta €)
$f_{(x2)}$ = erster absoluter Positivwert nach der Amortisation (Delta €)

$$? AZ_{Dynamisch} = \frac{I_0 - LE}{\sum_{t=1}^{n}(E * q\%^{-n}) - (A * q^{-n})}$$

n= Periode der Abzinsung

Kapitalwertmethode (Net Present Value)

CF= Ersparnis – Zusatzkosten = CF pa

$$KW = -I_0 + \sum_{t=0}^{W}(Erlöse_n * q^{-n}) - (\sum Auszahlungen_n * q^{-n}) + LE_n * q^{-n}$$

Interne Zinsfußmethode („Effektivverzinsung") = Internal Rate of Return (IRR)

$$IRR = (i_1 - (KW_1 * \frac{i_2 - i_1}{KW_2 - KW_1})) * 100$$
$$i = \frac{P}{100}$$
$$q = 1 + \frac{P}{100}$$

Annuitätenmethode

$$A - Faktor = \frac{q^n * (q-1)}{q^n - 1}$$ q= 1+ i

a= höhe Rente, Annuität, Rate
$$\boxed{a = KW * Annuitaetenfaktor}$$

n= Anzahl Perioden mit gleich hohen Raten

Vor-und nachschüssige Rentenbarwert

$$RBW - Faktor_{Nach} = \frac{q^n - 1}{q^n * (q - 1)}$$

$$RBW - Faktor_{Vor} = q * \frac{q^n - 1}{q^n * (q - 1)}$$

$$\boxed{KW_0 = a * RBW - Faktor}$$

Rentenendwert (auf Zeitpunkt bezogen, meist Gegenwart)

$$REW_{Vorschüssig\ \euro} = q * \frac{q^n - 1}{q - 1}$$

$$REW_{Nachschüssig} \euro = \frac{q^n - 1}{q - 1}$$

$$\boxed{EW\ (Verm\ddot{o}gensendwert) = a * REW}$$

Ewige Rente= zb.zuk.CFs

$$KW = Ewige\ Einzahlung * \frac{1}{q-1}$$

$$\boxed{\frac{i*(1+i)^n}{(1+i)^n - 1}}$$